그 여자 그 남자

리토피아포에지 · 133
그 여자 그 남자

인쇄 2022. 6. 25 발행 2022. 6. 30
지은이 이연화 펴낸이 정기옥
펴낸곳 리토피아
출판등록 2006. 6. 15. 제2006-12호
주소 21315 인천광역시 부평구 평천로255번길 13, 부평테크노파크M2 903호
전화 032-883-5356 전송032-891-5356
홈페이지 www.litopia21.com 전자우편 litopia999@naver.com

ISBN-978-89-6412-166-5 03810

값 9,000원

이연화 시집

그 여자 그 남자

문학과 유토피아
LITERATURE & UTOPIA

시인의 말

그해 봄을 기억한다.
마음속으로만 시와 수필을 쓰던
큰 용기를 내어 시작한 그해 그 봄,
문득 20년이다.

여수는 늘 봄이다.
언제나 마음 따뜻한 봄이다.
겨울바다의 물빛도 파도소리도
봄을 닮아있다.

여수와 나,
늘 그렇게 봄을 닮아있다.
봄날 같은 연애가 30년 넘게 진행 중이다.

봄과 시와 수필과 여수,
나에게 또 다른 삶의 이유다.

2022년 봄과 여름 사이에서
이 연 화

차례

제1부

제2부

제3부

제4부

| 제1부 |

탁발

언제나 그렇듯 해야 할 일들이 있기에
행복한 하루하루였다
어느 날
예고도 없이 찾아 온 손님 때문에
특수고용직 프리랜서라는 일자리가
기약 없이 중단이 되어 버렸다
멍하니 빈집을 지켰다
나라에서 지원금을 보조해주고
손 내밀지 않았는데 다 큰 자식들이
생활비인 듯 큰 용돈이
달마다 입금되고 있다는 사실
한참이 지난 후에야 알았다
잔잔한 애잔함과 그리움이
하얀 가슴 속으로 포말처럼 밀려든다
어쩌면 나는 지금 이 순간
행복한 탁발의 시간을 보내고 있는 건 아닌지

톡 혹은 툭, 그 너머로

출입국 문이 활짝 열렸다
추석연휴 여행객들의 물결 속에
나 역시도 떠밀려 나오듯이
문밖으로 나왔다

이 사람 저 사람들의 어깨
톡 혹은 툭 그 너머로
내 어깨 살며시 감싸 안으며
"잘 다녀왔어?" 한다
사람들이 너무 많아 찾을 생각도 못했는데
멋쩍어 그냥 하얀 미소만 지었다

8박 9일의 조금 긴 여행
집에는 아들과 남편만 남겨둔 채
일본에 살고 있는 딸아이에게 다녀오는 길

그렇게 환한 미소로
반갑게 맞아주는 그이를 만난다

방과 방 사이

병실 문을 열자
몇 미터 앞에 서 있던
남자 가까이 다가온다
어깨를 스치며 지나갈 때
슬쩍 미소를 띄운다
방과 방 사이만큼의 거리를 두고
나란히 교통사고로 입원 중이다
빠른 시간 내에 다시
제자리로 돌아가기를 바라면서
두 사람
그렇게 시간이 흐르기를 기다리고 있다
갇혀버린 공간 속에서는
시간의 흐름 더디게만 간다

그 여자 그 남자

그 여자의 삶은
시가 되고 시인이 되어 살고 있다
그 남자의 삶은
새 만들기를 좋아하고
솟대를 사랑하는 솟대쟁이다
시인과 솟대쟁이의 만남
불협화음이 아직도 진행 중이지만
그래도 그냥 제법 잘 살고 있다
먹빛 어둠이 더 깊어갈 즈음
속이 허하다며 그 남자
야밤 데이트 신청을 한다
식빵 두 장에 딸기 잼을 바르고
치즈 한 장을 얹어 우유랑 건네주자
마치 저녁을 굶은 것처럼
금세 입속으로 사라진다
두 눈이 마주치자
멋쩍어 하는 그 남자
그래

그 마음 다 알아 다 알아
말하지 않아도 이제는

333번 버스를 타고 가다 보면

봄 햇살
겨울무게 벗어 버리고
기지개를 켠다

중앙여고 앞 차창 밖 건너편
더딘 발걸음 재촉하는
노할머니 지팡이
삶의 무게가 잠긴다

하나 둘 내 손등에
피어나기 시작한 검버섯
자꾸만 숨기려 했던 어리석음
노할머니에게 그만 부끄러워
차창 틈새로 스며든 이른 봄
햇살에 얼른 두 손을 담근다

333번 버스를 타고 가다
삼월이 오면

또 다른 세상을 만나게 된다
햇살 참 눈부시다

다시 봄날 같은

우리 아저씨하고 같은 병실로 주세요
그 말은 들은 간호사 선생님
병원에서는 아무리 부부여도
같은 병실 사용불가란다
그런 상황 모르는 나는
당연히 한 병실에 입원하게 되는 줄 알았다
방과 방 사이를 두고 거리를 두어야만 했다
언제나 남편 곁만 졸졸 따라다니고
언제나 못 미더운 마누라 꼭꼭 데리고 다녔기에
잠시 동안이지만
문과 문 사이 방과 방 사이의 어색한
헤어짐이 낯설기만 하다
문자나 카톡으로 가능한 만남이다
다시 봄날 같은 연애가 시작된다

메니큐어를 바르며

어둠이
바람과 동행을 하고 찾아왔다
조금 심심했나 보다

열리지 않는 창문
자꾸 두드린다
끝내 열어주지 않았다

소롱소롱
한 방울씩 떨어지는
늦은 봄비
그만 집으로 돌아가 버렸나보다

나도 몹시 심심해진다

깊어가는 밤
한가운데
분홍 메니큐어를 바른다

봄, 꽃 멀미 나다

꽃향기 상큼한 봄날 오후
산수유도 노랗게 잠이 들고

꽃물결 일렁거리는 봄길
발소리마저 숨을 멈춘다

그리움 따라가는 길은
혼자만의 외로움이 아니다

삶이란
한 잔 또 한 잔

개나리 매화 진달래 목련 벚꽃
내리는 꽃눈들의 연분홍빛 춤사위

취하듯 멀미가 난다
봄바람 되어 함께 비틀거린다

봄이 오는 소리

찬바람 헤치며
경칩마저 소리 없이 지나간
그 자리
봄 햇살 톡톡 떨어진다

겨울잠 벗고
밤을 새워 달려온 소리
그 소리 따라 살며시
문밖으로 고개 내민다

먼저와 기다리는
붉게 피어난 동백꽃

분홍신 신고
분홍 립스틱 바르고
봄이 오는 길목에 기다려 섰다

봉숭아 꽃물

봉숭아 꽃물을 들인다
정성껏 찧어 손톱 위에 올려놓고
느슨하게 묶어 주었다
공주가 된 딸아이
두 손 가슴 위에 얹고 잠이 든다

봉숭아 꽃물 들이며
봉숭아 꽃물로 여름을 났다
꽃과 잎 찧어
하얀 첫눈 내릴 때면
소설 속의 주인공이 되어
봉숭아 꽃물을 들였다

첫사랑이 언제 올까
손톱을 보고 또 보고
겨울환상에 젖었다

내 마음 먼저

빨갛게 빨갛게
봉숭아 꽃물이 들었다

아버지

모든 것 다 주었습니다
평생을 주기만 하였습니다
푸르게 푸르게 사는 줄 알았습니다
쓰러지거나 죽거나 하는 줄 몰랐습니다

오월의 연둣빛 무성한 초록으로
변해갈 무렵
아낌없이 주는 행복했던 나무
더이상 내어 줄 수 없어
그만 정신을 놓으셨나 봅니다

부족하면
바라보는 것만으로도
행복 아니냐고 하시더니
마지막까지
대쪽 같은 성품 잃지 않으려던
몸부림, 아무도 눈치채지 못했습니다
〉

아버지는 그늘 무성한

한 그루의 큰 나무였습니다

겨울추억

어둠 속에 쌓여있는
겨울밤의 추위는 외로움을 더해준다
겨울바람의 문 두드리는 소리 여전하다

무서운 겨울 추위
화장실 수돗물을 얼어붙게 하더니
부엌에 있는 물마저 얼려버렸다

보일러가 가동되지 않는다
온기 한 점 없는 냉방체험을 하게 된다
전기요 한 장으로
딸아이와 마음껏 살을 부비며
아련한 옛이야기 들려주며
몇 날 밤을 보낼 수 있었던 소중한
겨울추억 생겨났다

붉게 물든 두 볼 위에는
웃음꽃이 핀다

마음속에 햇살 가득한
봄날이 그리움으로 다가온다
가슴이 따뜻해진다

수돗물, 다시 나오기 시작했다

설거지하는 남자

어스름을 끼고
성큼성큼 먹빛 어둠이 찾아오면
일주일에 한 번 그 남자네 집을
일 년째 방문 중이다

아이들과 한 시간 남짓
수업을 마치고 나오는 순간
싱크대 앞에서 아무렇지 않게 등을 보이며
설거지를 하고 서 있는 남자
여전히 현관까지 그 소리 들려온다

내 막냇동생보다도 더 어려 보이는
그 남자의 뒷모습
이제는 눈에 익숙하다

오늘 저녁에는
내 남자의 설거지하는 뒷모습을 만나야겠다

바람 한 점 떨구고 간 자리

여름을 향한 초록햇살 사이로
실바람 스쳐간다
한 점 바람에도 심하게 몸을 흔드는
빨랫줄 위로 춤사위가 한창이다
손으로 비비고 비벼 빨아
옥상 위 까실까실한 햇살에 말라가는
아들 녀석의 새하얀 여름교복
해바라기에 바쁘다
교복을 다리는 일은
웅크려 있는 기쁨과 행복을 펴는 일이다
등굣길 기분 좋아 하얀 미소를 보낸다
아들 녀석이 나선 현관문 틈새로
아침마다 맑은 바람 한 점
'툭'
하루의 첫 시작을 알린다

밤기차, 나를 유혹하다

안타까운 마음으로 그 사람을 바라본다
꿈같은 시간이었다고
키 큰 사내의 못내 걷는 발걸음에
결국 고개를 돌린다

아직도 두 눈이 마주칠 때면
부끄러워하는 사람
아직 못다 한 사랑 남아 있나보다

나만의 그대로만 사는
당신의 뒷모습을 바라보며
한설 불어대는 내 가슴엔
몸살기 아련한 그리움이
밤바다의 물빛처럼 밀려온다

밤기차, 나를 유혹한다

여자이고 싶다

새해가 찾아올 무렵
온몸에 열이 나고 화끈거린다
놀라 식은땀도 흐른다
이제는 여자도 여인도 아닌
생물학적 여성이 되는 건 아닌지

새해가 지났다
오늘도 바람이 차다
햇살 노랗게 내려앉은 길
담벼락 아기 개나리 활짝 웃는다
어서 오라 손짓한다

병원문을 활짝 연다
이것저것 검사가 시작되고
스물네 시간이 지났다

모든 기능 정상이란다
나는 여전히 여자이고 싶다

오동도

안개비 내리던 날
오동도 방파제를 향해 발맞춤 하던
그 남자
우산 속에서 내 어깨 살포시 감싸 안았다

갈매기 떼들의 춤사위로
나를 유혹했다
여수,
또 다른 나의 삶의 이유가 되어버렸다

세월 지나 다시 찾은 그 섬
노랑부리 갈매기의 춤사위는 여전하고
동백꽃 툭, 툭 진자리에
댓잎의 노랫소리
살그랑살그랑 들려온다

출근길

서둘러 출근길에 오른다
온통 태풍이 지나간 흔적들로 가득해도
빨갛게 노랗게 물들어가는
또 다른 계절은 찾아오고 있다

버스에서 내렸지만
발걸음은 선뜻 학교로 향하지 못하고
자판기 앞에 멈춰선다

살랑살랑 불어오는 가을바람
이런 날은 하루쯤 출근하고 싶지 않은
나의 또 다른 모습을 만나지만
이내 마음을 접는다

넓은 운동장
발자국 하나 보이지 않는다
한 걸음 한 걸음
삶의 무게만큼 흔적을 남긴다

| 제2부 |

메신저

저 먼 하늘을 향해
장대 끝에 매달린
한 마리의 새

누구를 위한 간절함인가

하늘과 땅
그 너머까지
아주 간절했었다

아직도 닿지 못한
나의 눈망울

장대 끝에
애처로이 매달려 있다

눈꽃 필 때

바람 분다
밤사이 나뭇가지에 피어난
눈꽃들
행여 떨어질까 발길 멈춘다

넓은 운동장
눈싸움하는 아이들의 아우성
메아리친다
눈사람의 이마에 햇살 눈부시다

한 잔의 차를 마시며
창밖을 바라본다
잎새 위에 포근하게 내려앉은 마음
아이들과 하나가 된다
멀리서 눈이 마주친 아이
눈꽃보다 더 환한 미소를 띄우며
손을 흔든다

〉

바람이 분다

아이들은 오지 않는다

308호 병실

이틀간의 혼수상태
무엇이 그리 힘들었을까
삼 일째 되던 날 겨우 의식을 찾았다
꾸물꾸물 기지개를 켰다

"이제 살만하지요?"
주치의 한마디에 씁쓸한 미소를 지었다

산다는 건
그리 쉬운 것도 만만한 것도 아니다
몸이 아프면 아프다고 신호를 보내오고
마음이 아프면 아프다고 신호를 보내온다

나이가 들면
몸과 마음이 함께라는데
여전히 서로 다른 생각 다른 마음이다

땅끝에 눈이 내리다

먹빛 어둠과 잿빛 하늘의
뜨거운 몸부림으로
세상에는 눈꽃이 피어나고
하얗게 쏟아져 내리는 그리움
나를 닮아 있다

굴곡진 여인의 허리를 지나듯
해안도로를 따라
땅끝을 쉼 없이 밟고 또 밟는다

바다는 온통 그리움의 눈빛이다
그곳은 끝이 아니라
또 다른 길이 열리고 있다

취해버린 마음
아직도 흔들림 속에서 깨어나지 못하고
땅끝의 그림자 따라와
하얀 외로움 되어 밟아 온다

문득

십 년도 훨씬 전부터
그녀가 살고 있는 아파트 담장 아래
이른 봄바람과 햇살 어우러져 피어난
매화

그 곁에 아기 볼을 닮은
붉은 동백도
새 친구 되어 올올이 모여 봄맞이 한다

문득
누군가 그리워지고
떠나고 싶어지는 날이면
그녀가 살고 있는
아파트 담장 아래로 간다

문학기행

천사들이 살 것만 같은 신안 증도

힐링의 향기를 내어준 해송숲길
사이로 수줍게 피어난 꽃분홍해당화
향기 맡으며 도란도란 거니는 사이로
소금바다의 향기 슬쩍
파고들어와 말없이 동행을 한다

물꼬를 트고 소금꽃이 피어나기를
기다리는 몸과 마음에는
열꽃이 피어나야만 얻게 된다는 귀한 소금

오늘도 밀물과 썰물 사이를 오가며
소금꽃을 피우기 위해 염부들의
온몸 위로 땀방울
아롱아롱 매달린다

소금치약

나 어릴 적에는
치약도 칫솔도 그리 넉넉한 시절이 아니었다
때문에 치약보다는 굵은 소금을 방망이로 빻아주시며
양치질을 권해주시던 엄마
때문인지 유달리 건강한 치아를
지금까지 유지해 왔다
그러던 내가 이제는 세월 흘러 잇몸이 약해지고
자꾸만 아려오는 세월의 흔적이 느껴진다
세월은 나 혼자만 비켜가는 것이 아니라는
사실 새삼 또 느껴본다
아무리 좋은 치약도 칫솔도
세월 앞에는 어쩔 수 없나보다
결국
약해지고 무너져버린 어금니 빼고야 말았다
마음이 힘들어지는 날이다

인생 우등생

생애 처음
받아쓰기 시험을 보는
성인 문해교실 한글초급반
떨리는 마음으로 연필을 잡는다
벌벌거리는 가슴 꼭 누르는
쭈글쭈글해진 손등 위로
여름햇살 어느새 찾아와
무던히도 뜨거워지는 내 가슴

유월 물들다

유월의 햇살
탱탱하게 여물어 간다
아이들의 물장구치는
소리 가까이 들려온다

주차장 바로 밑 개천가
아이들의 이른
물놀이가 한창이다
남녀가 따로 없다

아이들의 아우성
화개장터를 찾아온 관광객들의
시선 한 몸에 받고 있다
아무것도 모르는 아이들
그저 물장구 치고 멱 감기 바쁘다

기억 속에서도 잠시 잊혀진 듯한
내 유년의 그리운 추억

와락 달려든다
가슴 가득 한 보따리
책갈피에 끼워 넣는다

장맛비 내리던 날

반나절을 쉼 없이
쏟아내고도 모자라
천둥번개까지 동행을 하더니
결국 주춤거린다
몹시 지쳤나보다

아이들의 메아리 멀리서 들려온다
운동장 모서리 씨름모래판은
물웅덩이로 변해버리고
집으로 돌아가던 아이들의 발목
기어이 붙들었나보다

신이 난 아이들
어느새 편을 가르고
모래 싸움 한바탕
크게 벌이고 있다

내 유년의 그리운 행복

아이들의 재잘거림 속으로
살포시 젖어든다

한글 공부

"또록또록 써야 헌디
왜 자꾸 놈의 집으로 가분지 몰라"

일주일에 한 번씩 만나는
어르신들의 문해교실
매번 같은 말 반복하시면서
박장대소 하신다

그 모습 속에서
아직도 글자를 잘 모르시는
친정엄마의 모습이 보여
나도 몰래 눈물 한 방울

'톡'

그리움

젊은 시절
무던히도 한 성질 하더니만
그 성깔 어디로 다 보냈을까
세월 앞에 무릎을 꿇은 걸까

카랑카랑하고 그 대쪽 같던
박 여사의 호령소리
자꾸만 그리워진다

광화문 연가

십일월은 여전히
쓸쓸하지도 외롭지도 않았다
내가 있고 네가 있고
모두가 함께하기에
분노는 절망이 아닌 희망이 되었다

까만 밤들은 말없이
촛불을 더 환하게
더 우렁차게
어둠을 가져다 주었다

아빠의 목마를 탄 아이
엄마 손 꼭 잡고 살강살강 걷는 아이
대입 수능 며칠 앞둔 수험생들
모두가 약속이나 한 듯
하나의 외침이었다

백만 인의 아우성

우리의 진실을
우리의 염원을
광화문은 알고 있다

날지 못하는 나비

오월이 되면
하늘과 땅과 우리들의 마음
하나 되어 더욱 환하게 빛나고

날지 못하는 노란나비의 날개짓은
한도 애환도 그 어떤 슬픔이나 설움 없이
우리들에게 행복이 가득한 세상으로
날게 한다

너와 나 우리 모두가
그 어떤 형평에 어긋나지 않는
삶을 살 수 있도록
더 멀리 더 높이
날갯짓을 하려 한다

모두가 행복한
삶을 꿈꾸는 오월에
가신님들 못내 더 그리워진다

꿈꾸는 나비

찬바람 불면
어느새 눈물방울 소롱소롱

계단을 오르내릴 때면
어느새
무거워진 두 다리

굽 높던 구두 언제부터인지
조금씩 낮아지고

그 사실 모른 채
오늘도 꿈을 꾸는 한 마리 나비

몸속으로의 여행

두 달째다
아침부터 밤까지 강행군이다
몸살에 감기까지 겹쳐난다
결국 링거를 맞고 겨우 버텨보지만
몸이 따라주지 않는다

얼마 전까지만 해도
몸살쯤이야 하루 이틀이면
꾀병 부린 것처럼 사라지곤 했는데
이제는 아니란다

아프다
몸도 마음도 아프다
눈앞에 자꾸만
누울 자리가 아른아른거린다

곳노래

익숙하다
저 소리
이틀째 서울에서 밤을 보내고 있다

삼십 년 넘게 한 방을 쓰는
내 남자에게서도 듣는 저 소리

가끔씩 머리가 띵하고
멍해질 때가 있다
이제는 익숙해질 때도 되었는데

혹여 나도 까만 밤 깊어갈 때
함께 부르는 건 아닌지

오늘은 서울까지 와
내 막내여동생의 곳노래를 들으며
밤을 새우고 있다

행복이 함께 하는 시간

한 잔의 커피를 들고
운동장이 보이는 창가로 다가선다
점심시간
아이들의 뛰어노는 소리
응원가처럼 힘차다
축구를 하는 아이들
놀이기구를 타는 아이들
제각각 자신의 놀이에 빠져 있다
그래서 더 행복해 보인다

커피가 식어가도록
아이들의 점심시간 끝나지 않는다
저 소리 오후 내내 들을 수 있도록
5교시 시작종이 울리지 않았으면 좋겠다
오늘은 너희들의 세상 속에서
함께 행복해지고 싶다

| 제3부 |

허공의 진술

모두 잠든 시간
겨우 내 자신을 위한 시간을 가질 수 있기에
언제나 새벽녘이 되어서야 잠자리에 든다

가끔은 허공 속에 빈 그리움이
나를 찾아오지만
아직까지도 잠자는 시간이 아까운 탓에
나도 모르게 조는 내 모습 보게 되지만
쉽게 잠자리에 들지 못하고
모두가 잠든 후에서야
온전히 갖게 되는 나만의 시간

하얗게 날밤을 새고
문득 아침과 인사를 하는 허공의 시간이다

강천사

가을빛 속으로
겨울이 함께 동행하는 길
한 걸음 한 걸음
발자국 소리도
빨갛게 노랗게 물이 든다

산꼭대기로 가는
구름다리 위에서는
차라리 눈을 감고 말았다

오지 말라
오지 말라고
바람은 내 몸을 자꾸만 밀쳐 내지만
끝내 나는
그의 품에 안겨 버렸다

봄비

밤새워 내리는 봄비
아직 그치질 않는다

출근길에 오른 버스 안
창밖엔 비가 여전히 내리고 있다
나의 마음 이미 빗속을 걷고 있다

다음 정거장에서 내려야 한다

아뿔싸!
두 정거장이나 지나버렸다

처음이 아니다
웃으면서 발걸음을 서서히 옮긴다

버스정류장

아무도 없는 낯선 정류장
괜히 멋쩍어 주변을 두리번거렸다
바로 뒤 자판기에서
한 잔의 커피 뽑아 마셨다

아직 버스를 타려는 사람들은
나타나지 않고 허전함만 밀려왔다
빈자리에 앉았다

한참을 기다려도 버스는 오지 않고
그때 어디선가 다가온 젊은 여자
갑자기 스타킹을 꺼내 신더니
총총히 걸어가 버린다

그 모습 너무 예뻐
피식 웃음이 나왔다
웃음 사이로 무료함이 가볍게 달려들었다

벽화마을

지난여름 대문 앞 커다란 통에
손주 녀석들과 고추 몇 그루를 심던
할머니네 집 그 고추
지금도 아롱아롱 잘 자라고 있는지 보고 싶다

아이들 알록달록 물감으로
바다를 그리고
섬을 그리고
또 갈매기를 그리던 벽화마을 골목길
내일 아침 눈을 뜨면 다시 만나러 가야겠다

두 해 전 일본으로 유학을 떠난 딸아이가
못내 그립고 보고플 때면
가끔씩 찾기 시작했던 벽화마을

이제는
잃어버린 내 자신이 그리워질 때면 찾는
그리운 곳이다

봄, 깨어나다

겨울 깊이 잠들어 있던 물소리
살포시 흔들어 깨워주고

봄을 기다리는 꽃망울
가지에 맺히는데

가슴 먼저 열어버린 매화꽃잎 한 떨기
가냘프게 흔들리고

햇살 고운 언덕의 노란 개나리
방긋하며 미소로 인사를 한다

여서동 연가

까만 밤 먹빛 어둠
차랑거리며 밤마실 나오는
불빛 하나 둘

푸르던 나뭇잎
조금씩 빛이 바래가고
바람소리 이미 가을 문턱을 넘어선다

엄마 아빠를 따라 나온 아이들
재잘거림은
여서동 밤거리 등불이 되어 너울댄다

오늘밤은 뒷골목을 해매는
바람소리도
나란히 손잡고 걸어가는
여서동의 밤

나만의 그리움으로 깊어만 간다

이사 가던 날

이삿짐 이미 집을 떠나버렸다

어둠이 찾아온 텅 빈 방안
돗자리 위에 빌려온 홑이불을 깔았다

딸아이의 책가방을 베개 삼아
잠자리에 누워 보았으나
결국 잠을 이루지 못했다

이른 아침
자판기를 찾으러 아파트상가
여기저기를 거닐었다
한 모금의 커피, 목젖을 적셔온다
그제서야 카페인 든 아침
만날 수 있었다

낯선 도시 속으로 떠나야 할 시간
점점 다가온다

친정집

오랜만에 찾은 친정집
앞마당 텃밭에는 앙팡지게
여물어가는 연초록 오이들, 곁에는
살콩살콩 꼼지락거리는 어린 상추들
차마 따먹기 안쓰러워
가만히 바라만 본다

뜰방 끝에는 나란히
키재기 하며 서 있는 고추화분들
대롱대롱 가지마다 붉은빛으로
물들어가는 방울토마토
그저 가만히 바라보다
느린 발걸음으로 나서는 친정집 대문

문과 문 사이

아빠, 많이 덥지
아빠, 배 많이 고프지

문과 문 사이로
어린 딸아이가 아빠를 걱정합니다

분식집과 식품가게를 사이에 둔
문과 문 사이에서
아빠의 늦은 점심과 무더위를 걱정합니다

행복은 멀리 있지 않습니다
문과 문 사이 작은 틈새에 있었습니다

204호 강의실

오월에서 유월로 달이 바뀐다
앙큼한 초저녁 어둠이 소리 없이 찾아들면
하루 일과가 채 마무리되기도 전
마음은 이미 204호 강의실을 향한다

이십 년 전
이 강의실과 첫 인연을 맺었다

아직도 생생한 첫 강의시간
살쿵살쿵 인연의 끈

이제는 시라고 쓰고 행복이라고 읽는다

가끔은

가끔은 누군가를 따라 해보는 것도
썩 기분 좋을 일이다

자기 나 좋아하지?
응. 맞아
그래 그럼 어떻게 할 건데?
그 이상은 생각해 보지 않았어
아직도 현재진행형인 내 마음만 확실할 뿐이야

믿어야 할까?
가을이 깊어가는 소리만 들려온다

가을 에필로그

아무 기척도 없이
다시 우리들 곁으로 스며든다
언제나 그렇듯 시월이 되면
탱글탱글 익어가는 햇살도
살그랑살그랑 웃음방울 달고
우리들 곁으로 다가온다
앙증스럽게 해변을 감싸 안은
바다는 바람꽃을 동행한다
설렘도 덩달아 찾아왔다
빨갛게 가을빛으로 물들어 버린
고추잠자리들
떼 지어 날아들고
바다를 머금은 잔디밭 위에는
시인들의 시가 나비 되어 펄럭이고
속작속작 설레는 마음
가을 속으로 슬쩍 끼어든다

가을, 아날로그를 만나다

어제는
가을비에 젖어 살쿵살쿵 리듬을 탔다
블랙홀 속으로 빠져드는 듯
가만가만 그 빗속으로 스며들었다
해지니네 국수집에 들러
낙지비빔밥과 수제비로
'티파니에서 아침을'* 그리워하며
예울마루 한국근현대미술전시관을 향했다
그때 그 시절
지금과는 많은 다름을 만날 수 있었다
어쩌면 더 많은 행복과 꿈을
가슴 가득 안고 살았을
시절로 잠시 시간을 되돌렸다
단체관람을 온 학생들 사이사이로
큐레이터의 설명을 들었다
나의 생각과 어떻게 다르고 차이가 있는지를
생각하며 마음을 열어

가을, 아날로그를 만났다

*〈티파니에서 아침을〉 – 미국의 소설가 트루먼 커포티의 작품을 1961년 로맨틱 코미디로 영화화함.

가을과 겨울 사이

하나 둘
잎진 자리에 불을 밝힌다
나무들 행복한 웃음꽃 핀다
아직은 가을과 겨울 사이
옷깃을 스쳐가는 갈바람 싫지 않은 저녁
거리는 온통 축제의 무대
낙엽들은 아스팔트 위를 무대 삼아
거리의 무희가 된다
팔랑대는 신명난 춤사위
낭만 버스킹 공연은 절정에 오른다
좋은 사람들과 한 끼 하겠다고
약속장소 앞 길거리 관객이 되어
가을과 겨울 사이를 서성인다
겨울 2막을 기다린다

가을여자

주말이다
무료한 한낮을 달래기 위해
이른 시간
장바구니 달랑 들고 집을 나선다
거리는 온통 가을바라기에 바쁘다
꽃집 앞 가을
소국들 앞에 발길을 멈춘다
저녁 찬거리
이미 기억 속에서 사라져 버리고
장바구니에 가을을 닮은
소국화분을 담아 집으로 돌아왔다
오늘 저녁 밥상에는
주말에만 함께하는 한 끼 식사 대신
가을향기 가득한 식탁을 차린다
아직도 사랑이 가득한
마음 행복한 시간이다

공항 가는 길

이제
그 길을
가기 위해 시작된 리허설

한 달도 채 남지 않은 일본여행
누군가의 동행도 없이
혼자서
떠나야 하는 길
두려움과 긴장은 이미 시작되었다
부산까지는 고속버스로
부산에서 다시 지하철을 타고 김해공항까지
수속은 어떻게 해야 하고
짐은 또 어떻게 처리를 해야 하는지

혼자서 먼 길 떠나 본 기억 많지 않아
두려움과 설렘을 동행하는
공항 가는 길
오늘

혼자 그 길을 가기 위한
리허설이 시작되었다

가을이 찾아오면

태풍 '찬투'가 찾아올지 모르는
구월의 이른 아침
출근 대신 빵집으로 향했다
여느 날의 내 모습이 아닌
크로와상 빵과 아메리카노 한 잔으로
분위기 있게 아침을 해결했다
하나 둘 열리기 시작하는 가게들
거리는 출근을 서두르는 많은 차량들
출근족이 아닌 나의 아침은
낯선 도시를 여행하는 것처럼 여유롭다
가을이 찾아오면
어제의 내가 아닌 오늘의 나를 만난다
오전시간이 허락된
어느 날 문득 가을아침이,
나의 행복한 하루가 그렇게 열렸다

| 제4부 |

구름 위를 달리는 카페

한 시간 남짓 비행기 안에서
창밖만 바라보았던 시간들
이제는
사르르 실눈을 감기도 하고
감각을 느낄 수 없는 속도도
난기류의 흔들림도 느낄 수 있다
어린 시절 저 하늘 위에는
아름다운 무지개가 떠 있고
견우와 직녀의 만남의 장소가 있고
날개옷을 입은 천사가 살고
그럴 것만 같았던 그곳에는
아직도 손길 발길 닿지 않고
대신 아메리카노를 즐길 수 있는
구름 위를 달리는 카페가 있다
혼자서 떠나는 나만의 여행
이제 익숙해지고 있다

꽃씨를 심다

태어나 처음이다
꽃씨를 심었다
빨갛게 빨갛게
예쁘게 피어나라고

어릴 적 마당 귀퉁이에
무더위가 시작되면 피어나던
빨간 봉숭아 언젠가 꼭 한 번
내 손으로 씨를 뿌려
예쁜 꽃으로 피워보리라 마음먹었는데
이제서야 씨를 뿌려본다

네모난 화분에 고운 흙을 걸러 담고
하루 동안 물에 담가
꽃씨를 심은 자리
마음 가득 담아
물을 준다
〉

올여름에는 예쁜 봉숭아
내 손톱 위에 살포시 물들겠지

그녀만의 인사법

조그마한 국수집을
예쁘게 운영하는 그녀
가끔씩 찾아가면
반가운 눈인사 대신
뒷모습으로 인사를 한다

주방을 바라보며 일하는
해지니네 국수집에 가면
반가운 인사 대신
그녀의 뒤태가 더 반갑게 맞이한다

햇살이 살랑살랑 내리는 오늘도
가게문을 열고 들어서니
여전히 뒷모습을 한 채
우리를 더 반가이 맞이하는
그녀,
행복이 무엇인지 뒤태로 보여준다

나, 외롭소

선생님, 나 외롭소
평생 가슴에 담아 두었던 말인데
두 번밖에 안 봤지만
그냥 선생님한테 이 말이 나와부렀소

선생님, 나 진짜 외롭소
하시며 내 두 손을 꼬옥
잡고 어르신 가슴으로 가져간다

외로움이 무엇이길래
그 속에 무슨 애환이 서려 있길래
팔십이 다 되신 어르신이
아직은 낯선 나에게 덜컥 그 말을 했을까

차마 아무 말도 해 드릴 수 없어
가만가만 가슴으로 안아 드리기만 했다
나의 외로움
찾아올 날 멀지 않는 것만 같다

나의 도전

연두에서 초록으로 물들어 간다
햇살도 짱짱하게 여물어 간다
낯선 도시에 홀로 남겨졌다
서울 잠실로 가기 위해 천안역에서
지하철을 기다렸다

용산역에 도착 왕십리까지 가서
환승 후 잠실역까지가 나의 도전
예전 같으면 동생들이 올망졸망한 조카들과
역까지 마중을 나왔을 텐데
이제 더 이상은 안 된다며 혼자 찾아오란다

용산역에 도착 후
한참동안이나 출구로 나오지 못한 채
갇힌 신세가 되었다
교통카드 반응이 없다
바쁘게 걸어가고 있는 젊은이에게
용기 내어 도움을 청했다

출구 바로 옆 도움 버튼 콕 누른다

이제
나의 모든 것
내 스스로 도전 중이다

다이어트

애써 핑계거리를 찾아야만 했다
그래 이제 때가 온 거야
나도 누구처럼 살을 빼는 거야
마음속으로 다짐을 하고 또 했다
단 한 번도 해본 적이 없는 다이어트
식단조절과 운동
한 달 두 달이 지나고
일 년이 훨씬 지났다
이제는
몸과 마음이 가벼워지고
또 다른 세상이 나를 찾아왔다
다시는 예전모습으로 되돌아가고 싶지 않기에
오늘도 피곤한 몸이지만 간단한 운동을 하러
현관문을 나선다

링거를 맞으며

텅 빈 병실 안
노란 수액만이 혈관을 타고 흐른다
꽃바람 타고 어디론가 떠나고
싶은 마음 간절한데
여행 대신 휴식을 달라고
몸이 신호를 보내온다
결국 병실에 누웠다
남편은 장거리 출장 중
딸아이는 직장 때문에 멀리 떠나있고
무뚝뚝한 아들 녀석은
그저 잠이나 푹 자라는 한마디가 전부
온몸의 식은땀 몇 날 며칠이
지나도 멈추질 않는다
오늘밤도 링거수액만이 내 곁을
지키고 있을 뿐이다
나만의 외로움 찾아든다

시월, 그리움으로 피어나다

어느새
푸르던 잎 가을빛으로 물들고

붉은 노을 핏빛 되어 떨어진 그 진실
어둠의 침묵 속에 묻혀진
시월 찾아든다

빙빙빙 고추잠자리
쫓기듯 몸부림치다 도망간다
아직도 그때를 기억하고 몸서리치듯
쫓고 쫓기는 암수 한 쌍 결국
아름다이 짝짓기 한다
시월, 익어가듯 더 아름답게 피어난다

떠난 님은 한恨이 서려 말이 없고
생자生子 또한
차마 유구무언有口無言이다
〉

이제는 가신님의 한恨 서린 마음
북풍北風이 찾아오기 전에 달래어 주고
남아서 님을 그리는 이들에게는
그 진실
묻어두려 하지 말고 자존심
지켜 주어야 한다

삶과 죽음은 누구에게나 똑같이
주어진 운명運命과도 같은
숙명宿命이기에

사소한 떨림

아주 오래 전
내 앞에 불쑥 내민 일일찻집 티켓 두 장
아무렇지 않을 것 같았던
사소한 떨림이 시작된 날
숨소리마저 고요 속으로 빠져들고
오동도 방파제를 걷기 시작했다
제법 키가 큰 그 남자
낯선 떨림으로
살포시 내 어깨 감싸 안았다
세상은 예고 없이 블랙홀 속으로 빠져버렸다
많은 세월 흐른 지금
아무렇지 않을 것만 같았던
익숙하지 않았던 그 낯설었던 떨림
지금도 내 안에 여전한지 묻고 싶다

엄마의 사랑 표현법

전화도 잘 하지 않는 살갑지 않은 큰딸
대문을 열고 들어서자
눈 마주치기 무섭게 넋두리를 하면서도
엄마 얼굴에는
보름달보다 더 환한 달꽃이
망실망실 피어올랐다
엄마의 결쭉한 사랑표현법이다

아직도 친정엄마가 어렵고 익숙치 않아
큰딸인 나는 말도 행동도 살갑지 못하다
그냥, 그냥 말없이
내 마음이 움직이는
내 나름의 방식으로
나만의 사랑을 전해드린다
그걸 알면서도 여전히 엄마는 못내
큰딸을 서운해 하신다
나도 그런 내가 여전히 서운하다

엘리베이터 안에서

'띵'
어머!
아이구 깜짝이야!

엘리베이터 문이 열리는 순간
나보다 낯선 아저씨가 더 깜짝 놀란다

버튼도 누르지 않은 채
엘리베이터 안에 나를 잠시 가두고 있었다

아무런 공포나 무서움도 없이
편안하고 아늑한 마음으로
오로지 8층에서
문이 열리기만을 기다리고 있었다

몇 년 전 엘레베이터 안에 갇힌 기억,
세상 안과 밖의 차이
아직도 생생한데

다행이다

갇힘에 대한 공포가 한순간에 사라졌다

여수는

여수는 늘 봄을 닮아 있다
이른 봄을 그리워하는 사람들
한 겨울에도 동백꽃이 붉은 여수를 찾는다
여인의 붉은 순정이
동백꽃으로 피어난다는 전설이
살아 숨 쉬는 오동도를 찾는다
여수는 언제나 마음 따뜻한 봄이다
겨울바다의 물빛도
겨울바다의 파도소리도
노랑부리 갈매기 떼들의 춤사위도
봄을 닮아 있다
여수는
늘 봄이다

우리 사랑

가을비 내리던 날
별빛 고운 길을 걸었다
내 마음은
별이 되고 달이 되었다

사랑은 살포시
어깨를 감싸 안은 게 아니라
그 무게만큼
어깨 위에 얹는 것이 아닐까

그 사람
젖은 손을 내 어깨 위에
슬쩍 올려놓는다

개서어나무와 느티나무도
그렇게 서로
한 몸이 되어 있었다

추억 한 그릇

아주 오래 전
깊어가는 달빛의 향기와 동행하며
야간자율학습이 끝난 고3 딸아이를 데리러 갔다
몸과 마음이 허전해질 시간, 아빠는
피곤에 지친 딸아이를 집 대신 만성리 밤바다로 데려가
핫도그며 어묵이며 아이스크림을 실컷 먹게 했고
또 어느날 밤은
시내 중앙 자투리에 홍등을 켠 포장마차로 데려가
김밥 가락국수로 고3의 허한 마음을 채워주었다
세월 흘러 딸은 의젓한 사회인이 되었고
그 시절 딸아이의 허전함이
이제 우리 부부의 시간 속으로 스며들고 있다
오늘밤 그때 그 시간을
그리워하며 찾아간 그 포장마차
변함없는 그 자리에 할아버지의 모습을 한
그때 그 아저씨가 그 맛을 담아낸다
가깝고도 먼 이웃나라에서 직장생활을 하고 있는
딸아이가 못내 그리워

함께 했던 그 포장마차의

추억 한 그릇을 전해주고 싶은 밤이다

자존심

초록으로 물들어가는 어느 날
오후 송원백화점 사거리 신호등 앞
그만 앞구르기를 하고 만다
지나가는 사람들 갈 길이 바쁘기만 한데
부끄럽고 창피한 마음
때문에 병원으로 가지도 못하고
집으로 아픈 다리를 끌고 왔어야만
했던 기억 아직도 생생하다
서너 달이 지난 지금도 다친 다리는
변해버린 피부색으로 그 흔적을 남기고 있다
앞구르기의 기억 쉽게 사라지질 않는다
나이에 맞지 않게 굽 높은 구두
여전히 신고 다니는 탓일까
이제는 그만 낮은 신발로 바꾸어야 하는가
아직은 나의 자존심 버리고 싶지 않은데

칠판낙서

오늘은 칠판낙서하는 날
꼬물꼬물 고사리손 같기도 하고
노랑노랑 조잘대는 아기병아리들 같은
우리 아이들
그들의 세상은 블랙홀이다
상상 속에도 대본에도 없는 그들의 세계
어린 초등학생들은
유난히 칠판낙서를 좋아한다
오늘은 한 달에 한 번 허락한
칠판낙서 하는 날
그들만의
또 다른 세상을 꿈꾼다

키스 때문에

서울 인사동에 위치한 한국미술관을 향해
여행 같은 마음으로 찾아가는 길
서울이 점점 가까워지고 있다
고속도로가 아직 끝나지 않는 길
서서히 차량들이 밀리기 시작했다
앞차와의 상당한 거리를 두고
따라가고 있는 상황인 줄 알았는데
거리가 가까워질수록 앞차가 제자리다
급브레이크와 가벼운 스킨십이 일어나는 순간
뒤따라 오던 차량 몇 대가
허락도 없이 격렬한 딥키스를 하고 만다
운전을 할 줄 모르는 나
앞만 보면 되는 줄 알았지 뒤에서 강펀치를 날릴 줄
이 나이 되도록 알지 못했다
아픈 마음과 아린 마음 병실에 함께하고 있다
겨울밤은 이렇게 깊어만 가고 있다

|해설|

단절되고 왜곡된 일상의 회복

—이연화 시세계

신병은 | 시인

단절과 왜곡, 오늘날 사회와 인간이 직면한 문제의 키워드로 더 심각한 것은 진작 자신과의 소통이 단절되는 경우다. 어떻게 살 것인가에 관해 수없이 질문하고 나름으로 답해 왔지만 그것은 나 아닌 세계에 관계된 문제였다. 가만히 생각해보면 내가 내 삶을 사는 것이 아니라, 타인의 삶에 기대어 사는 것은 아닌지, 그것을 내 삶으로 착각한 것은 아닌지, 그러면서 스스로 내 삶과 단절하고 사는 것은 아닌지를 되짚어 보게 된다. 뿐만이 아니라, 단절보다 왜곡의 심각성이다. 알게 모르게 스스로 삶을 왜곡하면서 사는 것은 아닌지 반성해 보기도 한다.

조금 냉철하고 이성적으로 접근해 보면 지난 시간을 어떻게 읽을 것인가보다는, 현재를 발판으로 다가올 삶을 어떻게 맞이하고 읽을 것인가에 대한 관심이다. 세상의 모든 시는 '지금 나는 세계를 어떻게 읽느냐, 일정한 거리를 유지하며 나의 길을 지키고 있는가' 하는 '현실에 대한 자각과 자기 발언'이 될 것이다. 그것으로 훼손된 소통을 회복할 수 있다.

이연화 시인, 그녀를 스케치하면 메일과 톡보다는 손편지가 더 잘 어울리고 디지털보다는 아날로그 감성의 소유자지만, '라떼 혹은 꼰대'와는 거리가 먼 곱게 나이 들어가는 순수한 동심의 소유자다.

영화 〈어바웃 타임〉의 포스터가 떠오른다. 세상에 가장 예쁜 함박웃음과 선한 이미지가 비 내리는 우산 속 풍경으로 다가온다. 자랑스러울 게 하나도 없지만, 팀의 아버지여서 너무 기쁘고 행복하다면서 결혼을 따뜻한 사람하고 해야 한다는 주인공 아버지의 주례사도 들려오는 듯하다.

착한 여자, 그녀는 지금 자신의 삶을 읽고 자신의 사랑을 읽어가는 시와 함께 멋진 여행을 하는 중이다. 시가 그녀의 삶의 부름에 답해주고 있는 것이 분명하다. 그래서 나만의 언어, 풍경, 세계관으로 삶과 사랑에 대한 확신을 마련해가고 있다. 그녀는 지금 누구에게 기대어 있는 내가 아니라, 내 안에 서 있는 나를 만들고 싶어 한다. '지금, 여기'에서 자신의 삶의 풍경을 만들어가고자 하는 하이퍼리얼리즘의 주인공이다.

그해 봄을 기억한다.
마음속으로만 시와 수필을 쓰던
큰 용기를 내어 시작한 그해 그 봄,
문득 20년이다.

여수는 늘 봄이다.
언제나 마음 따뜻한 봄이다.
겨울바다의 물빛도 파도소리도
봄을 닮아있다.

여수와 나,
늘 그렇게 봄을 닮아있다.
봄날 같은 연애가 30년 넘게 진행 중이다.

봄과 시와 수필과 여수,
나에게 또 다른 삶의 이유다.

―「서문」

그녀는 봄을 닮아있다. 한결같이 누구든 보듬어 주고 품어줄 수 있는 언제나 마음 따뜻한 봄을 닮아있다. 봄을 닮은 그녀에게 물빛도 파도소리도 여수도 사랑도 봄이 된다. 유난히 아이들과 잘 어울리는 산소콩나물 같은 파릇파릇한 이미지의 소유자이면서. 문해교육을 받는 어르신들과도 척척 눈높이를 잘 맞추는 통섭의 품이 넓은 여자다. 아이들의 마음과 어른들의 마음을 있는 그대로 잘 읽을 수 있기 때문이다.

그것의 어느 부분을 보았느냐?
그것의 어떤 새로운 의미를 읽었느냐?

대상과 현상의 어떤 면에 어떤 이야기가 안겨있는가를 들여다보려는 그녀의 관심이 시적 발화의 출발점 행동이 된다. 어디에 어떤 모습으로 있는가를 읽다 보면 그 관점에 따라 이해되는 내용이 다르다는 것. 장미원에 있는 많은 장미 가운데 있는 한 송이와 하얀 식탁보가 덮인 식탁에 놓여있는 장미 한 송이가 다르고, 좋아하는 사람과 마주하는 오 분의 시간과 내가 싫어하는 사람과 만나는 오 분의 시간이 다르다는 것을 잘 이해한다. 아침햇살 속에 있는 나팔꽃과 저녁 해거름에 있는 나팔꽃이 다르고 비 오는 날의 나팔꽃이 다르다. 모든 대상과 현상이 시간과 장소, 상황과 분위기에 따라 읽혀지는 의미가 다르다.

폴 세잔이 같은 장소를 여러 각도에서 그림을 그렸듯이 시인이 사물을 보는 시각 또한 다르지 않다. 시인은 한 사물을 여러 각도에서 바라보며 상상력을 발휘한다. 좋은 시는는 시의 안테나를 세우고 이런 다른 모습을 발견하는 노력의 결과물이다. 그래서 김남조 시인은 '시는 시기심이 많다. 어쩌다 딴짓하다 돌아오면 절대로 문을 열어주지 않는다'고 했다. 인내하고 가만히 들여다보는 꾸준한 수련이 필요하다. 수련修練은 그 너머의 것에 대한 열망이자 열정이기 때문이다.

시는 우리가 알고 있는 일상적 의미 그 너머를 응시한다. 그래서 시창작은 마법이면서 혁명이라고 한다. 마법적 가치에 대한 긍정적 상상력(영감)과 혁명적 소망이 시세계를 완성한다고 했다. 시적영감詩的靈感은 신의 숨결이 불어 넣어진 것을 의미하면서 예측되지 않고 기획되지 않은 것들과의 만남을 통해 가능하다. 이연화 시인에게 삶과 시창작은 날마다 낯선 도전이고 새로운 삶의 길 찾기다.

이제
그 길을
가기 위해 시작된 리허설

한 달도 채 남지 않은 일본여행
누군가의 동행도 없이
혼자서 떠나야 하는 길
두려움과 긴장은 이미 시작되었다
부산까지는 고속버스로

부산에서 다시 지하철을 타고 김해공항까지
수속은 어떻게 해야 하고
짐은 또 어떻게 처리를 해야 하는지

혼자서 먼길 떠나 본 기억 많지 않아
두려움과 설렘을 동행하는
공항 가는 길
오늘
혼자 그 길을 가기 위한
리허설이 시작되었다

—「공항 가는 길」

시를 통해 자신의 삶을 새롭게 발견하고 기획해가는 시인의 삶은 온통 시에 물들어가는 도전이다. 시처럼 살고 시처럼 사랑하고 싶은 아름다운 도전이다. 그동안 아이들에게 기대고 남편에게 기대어 살아온 시인은 혼자서는 엄두도 내지 못한 삶의 길을 도전한다. 이 도전은 시창작과 더불어 시작된 아름다운 여정이 된다.

시 쓰기는 삶의 지혜를 하나하나 깨달아가고, 그 깨달음을 통해 우리 주변의 사물이나 현상을 다시 한 번 찬찬히 들여다보는 것이다. 존재하는 현실로부터 존재해야 하는 이성적인 것들을 이끌어내면서 현상을 통해 현상의 이면에 숨죽이며 떨고 있는 삶의 본질을 드러낸다.

이런 사유의 힘으로 본질은 변하지 않는 것이 아니라, 시간과 공간에 따라 그때그때 변하는 것임을 이해한다. 그녀 또한 이러한 시간과 공간의 변화에 따라 대상과 현상에 숨겨진 삶의 의미를 발견해 내고 독자들은 또 한 번 자신의 경험에 비추어 숨겨진 의미를 이끌어낸다. 도전을 통해 그녀가 먼저 자기 자신과 세계와의 화해를 청하게 되고 사물과 인식의 새로운 깊이를 이루게 되는 메타언어를 경험하게 된다.

길 찾기는 자신을 좀더 너그럽게 풀고 깨는 일이다. 늘 그렇다고 생각하고 그 생각에만 안주해 버리면 새로운 발견은 있을 수 없기 때문이다. 상식을 뒤집어도 식상해지지 않는 그 자리에서 새로운 의미를 발견하면서 그동안 느끼지 못한 감정을 생각의 틀을 벗어난 시적인식으로 나아간다. 남이 갖지 않은 사유의 힘, 세상을 다르게 볼 수 있는 창, 그녀에게 시창작은 결국은 행복한 소통 세상인 커뮤니데아다.

조그마한 국수집을
예쁘게 운영하는 그녀
가끔씩 찾아가면
반가운 눈인사 대신
뒷모습으로 인사를 한다
〉

주방을 바라보며 일하는
해지니네 국수집에 가면
반가운 인사 대신
그녀의 뒤태가 더 반갑게 맞이한다

햇살이 살랑살랑 내리는 오늘도
가게문을 열고 들어서니
여전히 뒷모습을 한 채
우리를 더 반가이 맞이하는
그녀,
행복이 무엇인지 뒤태로 보여준다

—「그녀만의 인사법」

다르게 보기 위해서는 일상에서 두어 걸음 떨어져 나와 주변풍경을 지켜봐야 한다. 오랜 관찰과 관조의 여유에서 새로운 삶의 통찰에 이를 수 있기 때문이다. 늘 만나던 앞모습보다는 뒷모습이 보여주는 행복의 또 다른 의미 읽기로 뒷모습으로 인사를 하고 뒤태로 반갑게 맞아주는 인사법이다.

무심코 들은 국수집에서 만난 풍경을 통해 행복이 무엇인지를 뒤태로 보여주는 시인의 행복 찾기다. 잘 들여다보면 기존의 편견을 허물고 그동안 보지 못한 삶의 모습을 발견할 수 있다. 대상이 지닌 고정관념과 상투적 인식에서 벗어날 수 있는 안목으로 잘 들여다보면 단 한순간도 그대로가 아님을 알게 된다.

그 새로운 것을 인지하고 인식하는 것이 그녀의 시창작이다. 익숙한 것을 낯설게 보려는 안목, 늘 보이는 것 뒤편에 숨어있는 것을 일상의 틈 사이에서 재발견하는 '사소한 떨림'에 대한 관심이다. 시인은 늘 그 모습이 그 모습 같은 삶을 회의하다가도 그 속에 안겨있는 새로운 삶의 모습을 발견하는 순간에 삶이 환해지고 행복해진다. 그렇게 보면 이 세상에는 기뻐할 일이 너무도 많이 남아 있다는 것을 알 수 있고, 그때마다 행복한 떨림을 숱하게 만나게 된다. 가만히 살펴보면 주위에는 숱한 떨림이 있고 그걸 발견하는 순간에 시인은 언제나 가슴이 설렌다.

주말이다
무료한 한낮을 달래기 위해
이른 시간
장바구니 달랑 들고 집을 나선다
거리는 온통 가을바라기에 바쁘다
꽃집 앞 가을
소국들 앞에 발길을 멈춘다
저녁 찬거리
이미 기억 속에서 사라져 버리고
장바구니에 가을을 닮은
소국화분을 담아 집으로 돌아왔다
오늘 저녁 밥상에는

주말에만 함께하는 한 끼 식사 대신
가을향기 가득한 식탁을 차린다
아직도 사랑이 가득한
마음 행복한 시간이다

―「가을여자」

주말 오후에 무료한 시간을 달래기 위해 시장을 보러 나서 꽃집 앞을 지나다 장바구니에 소국화분을 담아 돌아오는 시인의 가을이 그려져 있다. 가을 향기 가득한 한 끼의 식사를 차려내는 시인이 유난히 가을을 닮은 여자임을 은근하면서도 에둘러 보여준다. 그녀의 마음이 행복한 시간에 대한 새로운 인식이다.

그러고 보면 행복도 일상의 가치이면서 영혼을 행복하게 하는 영양소 세 가지가 자유, 여유, 관계라고 한다. 이 문제는 어떻게 하루하루를 재미있고 의미 있고 몰입할 수 있을 것인가의 문제이기도 하다. 자유는 해야만 하는 것보다는 하고 싶은 것을 하는 일이고, 관계성은 '이 안에 너 있다'라는 말처럼 너와의 관계를 헤아리는 마음이다. 관계성은 세상을 구축하는 중심축이다.

이연화 시인의 요즘은 그이와의 관계성을 새롭게 하면서 오직 그이와 함께 있을 때 행복하다는 것을 새삼 느끼는 것이다. 행복해지려면 재밌고 즐거운 시간을 늘리라고 한다. 상투적이고 고정적인 삶이 카테고리에서 벗어나는 경험의 기회를 넓혀가라고 권한다.

우리 삶은 결국 소유를 위한 소비가 아니라 경험을 위한 소비를 할 때 행복해진다고 한다. 그녀에게 시창작은 새롭게 혹은 다시 보는 경험이다. '心不在焉 視而不見 聽而不聞 食而不之其味'는 마음 안에 있지 아니하면 보아도 보이지 않고 들어도 들리지 않고 먹어도 그 맛을 알지 못한다는 뜻이다.

'대학'에서는 제대로 보고 제대로 들을 때 새로운 것이 보인다고 했다. 일상을 잘 들여다보자고, 마음으로 보자고, 일상을 시청하지 말고 견문하자고 다짐한다. 그것이 바로 명상과 감성지수를 높여가는 그녀만의 시 줍는 일이다.

태어나 처음이다
꽃씨를 심었다
빨갛게 빨갛게
예쁘게 피어나라고

어릴 적 마당 귀퉁이에
무더위가 시작되면 피어나던
빨간 봉숭아 언젠가 꼭 한 번
내 손으로 씨를 뿌려
예쁜 꽃으로 피워보리라 마음먹었는데
이제서야 씨를 뿌려본다

네모난 화분에 고운 흙을 길러 담고

하루 동안 물에 담가
꽃씨를 심은 자리
마음 가득 담아 물을 준다

올여름에는 예쁜 봉숭아
내 손톱 위에 살포시 물들겠지

—「꽃씨를 심다」

태어나 처음으로 꽃씨를 심었다는 말은 처음으로 '씨를 심는다'는 행위를 새롭게 읽었다는 뜻이다. 시인은 그동안 타성적인 행위였던 '심는다'는 의미를 '내 손'과 연결하여 '내 손으로 심어 내 손톱에 꽃물들이겠다'는 '나의 마음'이란 좌우에 두고 읽어낸다. 봉숭아 꽃물 들이며 여름을 나고, 소설 속의 주인공이 되고 첫사랑의 겨울환상에 젖어든다. 손톱에서 얼굴로 얼굴에서 마음으로 꽃물이 발갛게 들어간다. 마음 다해 심고 마음 다해 물을 주는 행위는 삶의 주체로서 인식에 다름 아니다.

내 삶이 객체에서 주체로 전환되는 순간에 불행은 행복으로, 노시보가 플라시보로 함께 전환된다. 화법의 네거티브negative와 포지티브positive다. 시적 상상력은 사물의 속성에 대한 탐색이며 새로운 의미를 생산하는 비결이다. 그것은 또 단순히 아는 것의 차원이 아니라 깨달음의 차원이다. 고정관념을 깨고 나온 깨달음이 상상력이기 때문이다. 그

방법적인 문제는 이미 존재하는 것들을 다르게 보는 것, 이미 경험한 것들의 통섭을 통해 다르게 생각하는 문제다. 다르게 보고 다르게 생각해내는 문제가 바로 시창작의 키워드이기 때문이다.

선생님, 나 외롭소
평생 가슴에 담아 두었던 말인데
두 번밖에 안 봤지만
그냥 선생님한테 이 말이 나와부렀소
선생님, 나 진짜 외롭소

내 두 손을 꼬옥 잡고
어르신 가슴으로 가져간다

외로움이 무엇이길래
그 속에 무슨 애환이 서려 있길래
팔십이 다 되신 어르신이
아직은 낯선 나에게 덜컥 그 말을 했을까

차마 아무 말도 해 드릴 수 없어
가만가만 가슴으로 안아 드리기만 했다
나의 외로움
찾아올 날 멀지 않은 것만 같다

—「나, 외롭소」

그녀의 시의 화법은 존재하는 것들에 대해 새롭게 들여다보면서 삶의 새로움을 예견해내는 마음이 밑자리가 된다. 행복도 외로움도 '내 속에는 너무도 많은 내가 있다'는 인식에서 비롯된다. 결국은 내 속의 어떤 나를 만날 것인가의 문제다. '나 외롭다'는 어르신의 말에서 곧 다가올 시인의 모습을 발견하게 된다, 말의 표면을 넘어 그 안에 담겨있는 의미 읽기로 마음의 거울에 비친 정체를 교감을 통해 마음의 눈으로 그려냄으로써 또 다른 삶의 풍경을 견인해 낸다. 그녀의 시 창작은 단절되고 왜곡된 나를 되찾고 회복하는 일이다. 자아와 세계의 단절에서 소통으로 전환될 때 세계의 자아화 혹은 자아의 세계화가 가능해진다.

이연화 시인은 이전의 닫힌 안목보다는 열린 안목으로 세계를 만난다. 그러다 보니 스스로 여유로워지면서 일방적인 소통이 아니라 서정적인 상호주의적 관계로 회복된다. 이연화의 행복은 그 지점에서 다시 출발하고 있다. 그렇다고 신비주의적 차원이 아니라 세계 내에 존재하는 모든 대상들이 주체적인 생명이라는 지극히 일상적인 사유에서 출발한다. 주체와 객체의 부단한 소통과 통섭에서 출발한다.

그 여자의 삶은
시가 되고 시인이 되어 살고 있다
그 남자의 삶은
새 만들기를 좋아하고

솟대를 사랑하는 솟대쟁이다
시인과 솟대쟁이의 만남
불협화음이 아직도 진행 중이지만
그래도 그냥 제법 잘 살고 있다
먹빛 어둠이 더 깊어갈 즈음
속이 허하다며 그 남자
야밤 데이트 신청을 한다
식빵 두 장에 딸기 잼을 바르고
치즈 한 장을 얹어 우유랑 건네주자
마치 저녁을 굶은 것처럼
금세 입속으로 사라진다
두 눈이 마주치자
멋쩍어하는 그 남자
그래
그 마음 다 알아 다 알아
말하지 않아도 이제는

—「그 여자 그 남자」

참 애틋한 관계의 남자, 여자다. 애플민트 같은 사랑의 포즈, 다시 봄날 같은 연애가 시작된 남자와 여자다. 교통사고를 당해 방과 방 사이를 두고 나란히 입원해 있으면서도 더없이 그리운 남자와 여자다.

그동안 시인에게 남편은 어떤 모습으로 머물렀을까. 지금까지 살아오면서 시인의 삶을 빛내준 말은 어떤 말이었을까.

시를 읽다 보면 하나의 생각이 세상을 바꾸고, 내가 쓰는 일상적 화법이 세상의 존재를 빛나게 한다는 말의 의미를 되새겨보게 된다. 말하지 않아도 그 마음 다 알 수 있는 관계의 회복, 무엇보다도 내가 내 삶의 주인공으로 사는 기준이다. 늘 보던 삶의 풍경 속 그 안에 웅크려 있는 또 다른 포즈를 발견하는 것이다.

우연한 발견이지만 천지가 새로워지는 발견이다. 파블로 네루다가 시가 어느 날 길을 가는 자신을 불렀다고 말했듯이 그건 가르침도 아니고 깨달음도 아닌 '문득' '그냥, 우연히' 되돌아보는 재발견이다. 머릿속 다양한 기억의 언어가 조합이 되어 인격과 품성으로 나타나는가 하면 다양한 감성을 표현하는 길이 된다. 이러한 화법이 곧 시의 생각이고 시의 화법이다.

시의 화법은 세상의 존재를 새롭게 발견하는 화법이면서, 잠자는 세상의 감성을 깨우는 화법이다. 대상의 주체성, 존재성, 존엄을 빛나게 해주는 말이다. 그것은 대상의 어느 부분을 들춰 이야기해야 가장 빛날 수 있는가를 생각해야 한다.

시도 한 편의 드라마라는 점에서 재미를 주는 화법이기도 하다. 시의 재미는 경험의 즐거움이면서 발견의 즐거움이고 화법의 즐거움이다. 이런 화법이 자신의 고유명사를 만드는 방법이고, 자신만의 아버지, 사랑, 봄비, 여서동을 찾는 법이다.

출입국 문이 활짝 열렸다
추석연휴 여행객들의 물결 속에
나 역시도 떠밀려 나오듯이
문밖으로 나왔다

이 사람 저 사람들의 어깨
톡 혹은 툭 그 너머로
내 어깨 살며시 감싸 안으며
"잘 다녀왔어" 한다
사람들이 너무 많아 찾을 생각도 못했는데
멋쩍어 그냥 하얀 미소만 지었다

8박 9일의 조금 긴 여행
집에는 아들과 남편만 남겨둔 채
일본에 살고 있는 딸아이에게 다녀오는 길

그렇게 환한 미소로
반가이 맞아주는 그이를 만난다

—「톡 혹은 툭, 그 너머로」

일본에 다녀오는 시인 부부의 상봉이 하나의 풍경이 되어

다가온다. 두 사람의 정겹고 살가운 사랑의 실제다. 사랑과 연민의 또 다른 동의어다. 어깨 살며시 감싸 안으며 '잘 다녀왔어' 하는 풍경 속에 오버랩되는 사랑의 실루엣이 여운으로 감돈다.

그리고 시와 접맥된 '톡 혹은 툭, 그 너머로'라는 시제가 지닌 여백 또한 한몫을 담당한다. 제목과 내용이 한 몸이 되어 하나의 완결된 어법을 만들어 내는데 부족함이 없는 것은 한 편의 시가 갖는 구조는 완전한 전체를 향한 짜임과 설득이어야 하기 때문이다.

이런 구조 속에서 우리가 알고 있는 어떤 상황, 어떤 대상, 어떤 포즈에서 의미가 다시 거듭나게 된다는 것이 이연화 시가 갖는 발견의 즐거움일 것이다. 그 남자는 안개비 내리던 오동도 우산 속에서도 내 어깨를 살포시 감싸 안으며 나를 유혹한다. 그 남자는 남편이면서 여수고 섬이면서 아들이고 딸이다.

화법의 즐거움은 보이지 않은 마음 읽기에 있다. 말하지 않아도 그 포즈 속에 안겨있는 말을 읽어내는 즐거움이다. 우리는 마음과 더불어 살고 있고, 마음을 쓰면서 살고 있다. 일상의 습관에 갇혀 살고, 언어의 덫에도 갇혀 살지만, 법정스님의 말씀에 기대면 처음은 바깥의 것이 안으로 들어오는 것이지만 결국은 안의 것이 밖으로 나가는 것이 삶이라 했다. 기존의 정보를 통해 새로운 정보를 읽어낼 수 있는 즐거움의 시창작의 화법이리라.

사소한 일상의 풍경을 다시 한 번 들여다보면 계곡물 흐르는 소리 만한 음악이 없고, 바람소리 만한 시도 없고, 자연 만한 그림이 없다는 것을 알게 된다. 아무리 실력으로 음악을 만들고 그림을 그려도 마음을 열고 들으면 물 떨어지는 소리, 계곡물 흐르는 소리 만한 음악이 없고, 여름에 보는 그 녹색과 자연 만한 그림이 없다는 뜻이다. 이 점에서 이연화 시인의 화법은 일상의 평범 속에 안겨 있는 범속하지 않은 일상을 읽는 쉬운 화법이다.

어둠이
바람과 동행을 하고 찾아왔다
조금 심심했나보다

열리지 않는 창문
자꾸 두드린다
끝내 열어주지 않았다

소롱소롱
한 방울씩 떨어지는
늦은 봄비
그만 집으로 돌아가 버렸나보다

나도 몹시 심심해진다

〉

깊어가는 밤
한가운데
분홍 메니큐어를 바른다

―「메니큐어를 바르며」

다시 앞에서 언급한 삶의 확인법에 대해 생각하게 된다. 어떻게 하면 가만히 내 삶을 확인하고 반성하면서 타인의 삶이 아닌 내 삶을 살 수 있을까에 대한 고민은 위 시를 통해 넌지시 해법을 제시해 준다.

어둠이 심심해서 바람과 동행해 열리지 않은 창문을 자꾸 두드린다고 생각한다. 그렇지만 끝내 열어주지 않았고 결국 소롱소롱 내리던 봄비도 집으로 돌아가 버렸다. 그래서 몹시 심심하여 밤의 한가운데서 분홍 메니큐어를 바른다.

이 시를 가만히 들여다보면 결국은 주위의 풍경을 통해 자신의 현재와 존재가치를 확인하고 있다. 넛지에 의한 에두르는 진술법이자 시적 능청이 된다. 그녀의 능청은 옥상 위 초록 햇살에 펄럭이는 아들의 새하얀 여름교복을 해바라기하고, 교복을 다림질하면서 기쁨과 행복을 편다. 그 아들이 미소를 띠고 나선 현관문 틈새로 아침마다 맑은 바람 한 점 '톡' 하고 하루의 시작을 알리는 시인의 하루는 행복할 수밖에 없다.

봄 햇살
겨울무게를 벗어 버리고
기지개를 켠다

중앙여고 앞 차창 밖 건너편
더딘 발걸음 재촉하는
노할머니 지팡이
삶의 무게가 잠긴다

하나 둘 내 손등에
피어나기 시작한 검버섯
자꾸만 숨기려 했던 어리석음
노할머니에게 그만 부끄러워
차창 틈새로 스며든 이른 봄
햇살에 얼른 두 손을 담근다

333번 버스를 타고 가다
삼월이 오면
또 다른 세상을 만나게 된다
햇살 참 눈부시다

—「333번 버스를 타고 가다 보면」

333번 버스를 타고 가다 만난 봄의 풍경이다. 봄 햇살과 노할머니의 관계설정으로 시간성과 공간성을 융합하여 사소한 풍경에서 읽은 삶의 깨달음이다. 사소한 것에서 기적을 읽어내는 관찰과 관점과 통찰과 통섭적 안목이다. 바람도, 햇살도, 기다림도, 의지도, 견딤도 늘 보던 모습이 아니라 또 다른 모습도 읽어낼 수 있다. 늘 만나던 모습으로가 아니라 낯설게 만나는 일이 깨달음이다.

마음으로 본다. 타인의 마음 읽기이고 세계의 마음 들여다보기다. 눈치가 없고 사람의 마음을 못 읽으면 어떤 일에서든 실패하기 십상이다. 그녀는 눈치 있게 나의 눈이 아닌 세상의 눈으로 다시 들여다보고 읽어내는데 부족함이 없다.

까만 밤 먹빛 어둠
차랑차랑거리며 밤마실 나오는
불빛 하나 둘

푸르던 나뭇잎 어느덧
조금씩 빛이 바래가고
바람소리 이미 가을 문턱을 넘어선다

엄마 아빠를 따라 나온 아이들
재잘거림은
여서동 밤거리 등불이 되어 너울댄다

오늘밤은 뒷골목을 해매는
바람소리도
나란히 손잡고 걸어가는

여서동의 밤

나만의 그리움으로 깊어만 간다

—「여서동 연가」

여서동은 시인의 거주지면서 아련한 그리움의 거리로 자리한다. 차랑차랑 치맛자락 펄럭이며 가볍게 나서는 밤마실의 공간이다. 배회하는 바람소리도 나란히 손을 잡고 걸어가는 시인의 삶의 여백과 그 여백이 그려낸 그리움이 고스란히 안겨있는 풍경이다.

문과 문 사이 작은 틈새로 들려오는 아빠를 걱정하는 딸아이의 모습에서 만나고, 이렇게 여유로운 밤마실에서 만나고 아이들의 재잘거림에서 만나고 함께 손잡고 걷는 데서 만난다. 여느 날의 내 모습이 아닌 크로와상 빵과 아메리카노 한 잔으로 분위기 있게 아침을 해결하는 가을아침에서 만난다. 그리고 매주 목요일이면 찾는 204호 강의실에서 시라고 쓰고 행복이라고 읽는다.

넋두리를 하면서도 보름달보다 더 환한 달꽃이 망실망실 피어나는 엄마의 걸쭉한 사랑법을 닮아 살갑지 않아도 마음으로 다가서는 그녀만의 사랑법이다. 젖은 손을 내 어깨위에 슬쩍 올려놓은 개서어나무와 느티나무가 한 몸이 되는 사랑법이다. 꽃 한 송이가 아무것도 아니면 나도 아무것도 아니다. 얼마만큼 제대로 들여다보는가가 통찰이고 모든 것을 존경하는 첫걸음이다.

잘 들여다보라. 잘 들여다보면 사소함이 주는 깨달음을 만날 수가 있다. 스쳐 지나는 바람 한 올, 떨어지는 빗줄기 하나, 길가에 피어나는 작은 꽃 한 송이, 기어다니는 작은 개미……. 아무것도 아닌 양 지나치면 아무것도 아니다. 잘 들여다보면 다 의미가 있다. 이것이 바로 존재론이고 관계론이다.

그녀는 세계의 존엄성과 아름다움은 이 세계의 극히 미세한 무엇인가에 숨어있다고 생각한다. 그것은 시류에 흔들리지 않고 세계를 있는 그대로 바라보고 있는 그대로 받아들이려는 정체성에서 가능한 어법이다. 뒤를 돌아보기보다는 앞을 바라보며 스스로 느끼고 만들어갈 행복에 대해서 직진하는 당당함에 있다. 평범하고 식상하게 다가올지 모르지만 평범한 일상에서 평범하지 않은 풍경을 헤아려 짚어내려는 그것으로 이연화 시인은 자아정체성을 확인한다. 그녀의 시정신을 붙잡는 몸짓이다.